Los animales viven aquí

La vida en el desierto

por Connor Stratton

nivel 2
little blue readers
en español

www.littlebluehousebooks.com

Traducción: © 2023 por Little Blue House
Título original: Life in the Desert
Texto: © 2023 por Little Blue House
Traducción: Annette Granat

La serie Little Blue House es distribuida por North Star Editions.
sales@northstareditions.com | 888-417-0195

Este libro ha sido producido para Little Blue House por Red Line Editorial.

Fotografías ©: Imágenes de Shutterstock: portada, 7 (imagen inferior), 9, 18, 21, 23, 24 (esquina superior derecha), 24 (esquina inferior derecha); imágenes de iStock: 4, 7 (imagen superior), 11 (imagen superior), 11 (imagen inferior), 12, 15, 17, 24 (esquina superior izquierda), 24 (esquina inferior izquierda)

Library of Congress Control Number: 2022912222

ISBN
978-1-64619-694-4 (tapa dura)
978-1-64619-726-2 (tapa blanda)
978-1-64619-788-0 (libro electrónico en PDF)
978-1-64619-758-3 (libro electrónico alojado)

Impreso en los Estados Unidos de América
Mankato, MN
012023

Sobre el autor

Connor Stratton disfruta explorar nuevos lugares, detectar nuevos animales y escribir libros para niños. Él vive en Minnesota.

Tabla de contenido

Animales del desierto

El desierto es seco y caluroso.
Pero muchos animales
viven aquí.

Las serpientes viven en
el desierto.
Ellas tienen escamas.
Los lagartos viven en el desierto.
Ellos también tienen escamas.

serpiente

lagarto

Los coyotes viven en el desierto.

Ellos tienen pelaje.

Aúllan por la noche.

coyote

Los halcones viven en el desierto.

Ellos tienen garras afiladas.

Los búhos viven en el desierto.

Ellos tienen ojos grandes.

halcón

búho

llama

Animales grandes

Las llamas viven en el desierto.

Son animales grandes.

Ellas tienen mucho pelo.

Los camellos viven en el desierto.

Ellos son animales grandes.

Tienen jorobas en la espalda.

joroba
camello

Las ovejas viven en el desierto.

Ellas son animales grandes.

Tienen cuernos en la cabeza.

cuerno
oveja

conejo

Animales pequeños

Los conejos viven en el desierto.

Ellos son animales pequeños.

Mastican plantas.

Los erizos viven en el desierto.

Ellos son animales pequeños.

Tienen púas afiladas.

púas
erizo

Los colibríes viven en el desierto.

Ellos son pájaros pequeños.

Tienen el pico largo.

pico
colibrí

Glosario

búho

erizo

camello

lagarto

Índice